délicieux
yaourts maison

Tableau des symboles :

Temps de préparation

Temps de fermentation

Temps de conservation

Temps de réfrigération

Nombre de personnes

Crédits des photographies :
Photos de couverture :
Photos intérieures :
P.2, p.4, p.7, p.9, p.17, p.19 , p.23 , p.33 , p.34 , p.39, p.41, p.43, p.47 : Shutterstock
P.11, p.13, p.49, p.53, p.54 , p.57 , p.59 : Studio City
P.14 : Shulevsky/StockFood/StudioX, p.21 : Duklas/ StockFood/StudioX, p.24 : Riou/Photocuisine Sucré Salé, p.27 : Marielle/Photocuisine Sucré Salé, p.29 : Boulay/ Paquin/Photocuisine Sucré Salé, p.31 : Riou/Photocuisine Sucré Salé, p.37 : Boulay/Paquin/Photocuisine Sucré Salé, p.44 : Sporrer / StockFood / StudioX, p.51 : Riou/ Photocuisine Sucré Salé, p.61 : Leigh / StockFood / StudioX.

ISBN : 978-2-35288-871-0
Code Hachette : 50 9631 8

Rayon : Cuisine
Catalogue et manuscrits :
www.city-editions.com

Dépôt légal : deuxième trimestre 2012
Imprimé dans la C.E.E.

Table des recettes

Un monde de douceur

Le yaourt est fabriqué et consommé depuis des siècles en Asie centrale. Il est introduit en France au début du XXe siècle dans les pharmacies. En effet, le yaourt était prescrit par les médecins afin d'améliorer la flore intestinale de certains patients. Par la suite, cette consommation devint une habitude et se généralisa au reste de la population. Il existe une multitude de variétés de yaourts. Sa légèreté, sa fraîcheur et ses vertus font de lui un encas idéal, en toutes circonstances. Aujourd'hui, nous consommons chacun entre 180 et 200 yaourts par an.

Le yaourt fait maison est très à la mode. Il est à la fois économique (il ne nécessite que 1 litre de lait et 1 yaourt), écologique (les contenants sont réutilisés) et rapide (il suffit de quelques minutes pour les préparer).

Voici 60 recettes qui vous permettront de réaliser, avec beaucoup de simplicité, vos propres yaourts, et qui sauront faire l'unanimité auprès des vôtres. Laissez libre cours à votre imagination et créez vos propres yaourts avec différents parfums naturels et laits d'origines diverses.

Les différentes méthodes de fabrication du yaourt

La méthode la plus simple et la plus pratique est la yaourtière : elle permet de garder les yaourts à bonne température pendant des heures et évite ainsi le risque de les rater. Versez le mélange lait-yaourt dans des pots individuels en verre.

Déposez les pots dans la yaourtière et laissez étuver le temps indiqué. Laissez refroidir 1 heure avant de les couvrir et de les mettre au réfrigérateur. Au four : préchauffez à 50 °C (th. 1). Faites tiédir le lait à 40 °C, puis fouettez-le avec le yaourt. Versez le mélange dans les pots individuels en verre.

Laissez cuire 3 à 4 heures. Éteignez et laissez les yaourts au four pendant 5 heures avant de les laisser refroidir au réfrigérateur pendant 4 heures.

Avec un autocuiseur : versez un fond d'eau dans la cocotte et faites chauffer à 45 °C. Pendant ce temps, faites tiédir le lait à 40 °C, puis ajoutez le yaourt. Mélangez bien. Versez la préparation dans les pots en verre et déposez-les au fur et à mesure dans la cocotte, comme au bain-marie. Fermez le couvercle de la cocotte et laissez étuver 8 heures. Conservez les yaourts au réfrigérateur au moins 3 heures avant de servir.

Quel lait choisir ?

- Le lait entier : c'est le lait le plus adapté, car, plus le lait est riche en matières grasses, plus le yaourt sera ferme.
- Le lait demi-écrémé : si vous souhaitez avoir des yaourts plus légers.
- Le lait écrémé : pour les régimes amaigrissants…
- Le lait en poudre : au début de la préparation, ajoutez 2 à 3 cuillers à soupe de lait en poudre. Vous aurez ainsi des yaourts plus fermes. Pour plus d'onctuosité, remplacez le lait en poudre par du lait concentré (sucré ou non).
- Le lait de chèvre et de brebis : vous les trouverez dans les magasins bios et parfois dans les grandes surfaces. Ils donneront une saveur particulière aux yaourts, que l'on retrouve en dégustant certains fromages.

Quel ferment choisir ?

Le plus simple est d'utiliser un yaourt nature du commerce, mais vous avez aussi la possibilité d'acheter des sachets de ferments lactiques que vous trouverez en pharmacie ou en grande surface.

Les yaourts se conservent 8 à 10 jours au réfrigérateur.

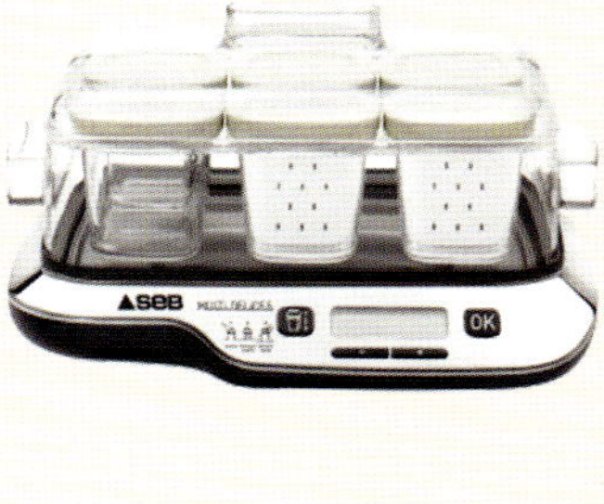

Le classique

Indémodable et tellement bon…

10 min
8 h
6 h
7 jours
Pour 8 pots

1 litre de lait entier

4 c. s. de lait en poudre

1 yaourt nature

1 Mélangez le yaourt avec le lait en poudre.

2 Ajoutez le lait peu à peu et fouettez jusqu'à obtenir une préparation homogène.

3 Répartissez la préparation d ans les pots en verre. Programmez la yaourtière pour 8 heures.

4 Laissez refroidir 1 heure.

5 Couvrez les yaourts, puis placez-les au réfrigérateur pendant au moins 6 heures.

Yaourt au lait de chèvre

Un yaourt plus fort en goût.

10 min
8 h
6 h
7 jours
Pour 8 pots

80 cl de lait de chèvre pasteurisé

5 c. s. de lait en poudre

1 yaourt nature

1 Dans un saladier, fouettez le yaourt avec le lait en poudre et le lait de chèvre jusqu'à obtenir une préparation homogène.

2 Répartissez la préparation dans les pots en verre.

3 Programmez la yaourtière pour 8 heures.

4 Laissez refroidir 1 heure.

5 Couvrez les yaourts, puis placez-les au réfrigérateur pendant au moins 6 heures.

Le classique

Yaourt au lait de brebis

Pour les audacieux qui aiment les saveurs plus originales.

10 min
8 h
6 h
7 jours
Pour 8 pots

90 cl de lait de brebis

6 c. s. de lait en poudre

1 yaourt nature

1 Dans un saladier, fouettez le yaourt avec le lait en poudre et le lait de brebis jusqu'à obtenir une préparation homogène.

2 Répartissez la préparation dans les pots en verre. Programmez la yaourtière pour 8 heures.

3 Laissez refroidir 1 heure.

4 Couvrez les yaourts, puis placez-les au réfrigérateur pendant au moins 6 heures.

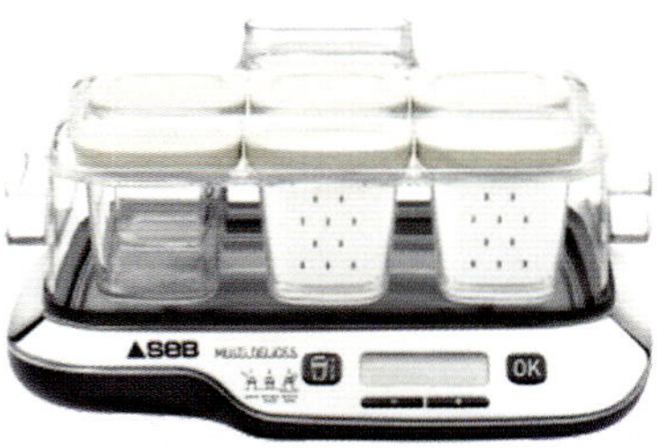

Le yaourt allégé

Idéal après un repas copieux !

10 min
10 à 12 h
7 h
7 jours
Pour 8 pots

80 cl de lait écrémé

2 c. s. de lait en poudre

1 yaourt nature 0 %

1/3 c. c. rase d'agar-agar

1 Versez le lait dans une casserole et portez à ébullition.

2 Retirez du feu, puis ajoutez l'agar-agar et le lait en poudre.

3 Laissez refroidir et ajoutez le yaourt. Fouettez jusqu'à obtenir une préparation homogène.

4 Répartissez la préparation dans les pots en verre. Programmez la yaourtière pour 10 à 12 heures.

5 Laissez refroidir 1 heure.

6 Couvrez les yaourts et placez-les au réfrigérateur pendant au moins 7 heures.

Le brassé

À déguster à la cuillère ou même... à la paille.

- 10 min
- 8 h
- 12 h
- 7 jours
- Pour 8 pots

1 litre de lait entier

5 c. s. de lait en poudre

1 yaourt nature

1 Dans un saladier, mélangez le yaourt avec le lait en poudre. Ajoutez le lait peu à peu et fouettez jusqu'à obtenir une préparation homogène.

2 Répartissez la préparation dans les pots en verre. Programmez la yaourtière pour 8 heures.

3 Laissez refroidir 1 heure. Couvrez les yaourts, puis placez-les au réfrigérateur pendant 12 heures.

4 Videz les pots dans un saladier et fouettez les yaourts jusqu'à obtenir une texture lisse.

5 Remplissez à nouveau les pots et réservez au réfrigérateur jusqu'au moment de servir.

Yaourt au roquefort et aux noix

Un délice aussi fort en goût qu'onctueux.

15 min
8 h
6 h
7 jours
Pour 8 pots

- 1 litre de lait entier
- 1 yaourt nature
- 2 c. s. de lait en poudre
- 100 g de roquefort
- 100 g de noix concassées

1 Écrasez le roquefort à la fourchette.

2 Versez 50 centilitres de lait dans le bol du mixeur. Ajoutez le roquefort et mixez le tout.

3 Versez la préparation dans un saladier, ajoutez le yaourt nature, le lait en poudre et le reste de lait.

4 Mélangez bien, puis répartissez la préparation dans les pots en verre.

5 Programmez la yaourtière pour 8 heures. Laissez refroidir 1 heure. Couvrez les yaourts et placez-les au réfrigérateur pendant au moins 6 heures.

6 Au moment de servir, parsemez les yaourts de noix concassées.

Yaourt à la compotée de poivrons

30 min
8 h
6 h
7 jours
Pour 8 pots

- 1 litre de lait entier
- 1 yaourt nature
- 2 c. s. de lait en poudre

Pour la compotée de poivrons :

- 2 poivrons (rouge et vert)
- 1 oignon
- 2 tomates bien mûres
- 2 c. s. d'huile d'olive

1 Plongez les tomates dans l'eau bouillante pendant 3 minutes, puis pelez-les.

2 Épluchez et émincez l'oignon. Lavez les poivrons, retirez les pédoncules et détaillez-les en petits dés.

3 Chauffez l'huile d'olive dans une poêle. Ajoutez l'oignon et les poivrons. Faites revenir 5 minutes sur feu moyen. Ajoutez les tomates pelées et faites réduire en remuant. Salez, poivrez et laissez refroidir. Déposez 1 cuiller à soupe de compotée de poivrons au fond de chaque pot de yaourt.

4 Fouettez le yaourt avec le lait en poudre. Ajoutez le lait peu à peu et fouettez jusqu'à obtenir une préparation homogène.

5 Versez délicatement la préparation sur la compotée de poivrons. Programmez la yaourtière pour 8 heures. Laissez refroidir 1 heure Couvrez les yaourts et placez-les au réfrigérateur pendant au moins 5 heures.

ourt roquefort et noix

Yaourt La Vache qui rit® et ciboulette

Un fromage culte pour
un yaourt plein de douceur.

15 min
8 h
4 h
7 jours
Pour 8 pots

1 litre de lait entier

1 yaourt nature

8 portions de La Vache qui rit®

4 c. s. de lait en poudre

1 c. s. de ciboulette hachée

Sel, poivre

1. Versez le lait dans le bol du mixeur. Ajoutez le fromage, le yaourt, le lait en poudre et la ciboulette hachée.
2. Mixez le tout. Relevez légèrement avec du sel et du poivre.
3. Mélangez bien, puis répartissez la préparation dans les pots en verre.
4. Programmez la yaourtière pour 8 heures. Laissez refroidir 1 heure.
5. Couvrez les yaourts, puis placez-les au réfrigérateur pendant au moins 4 heures.

Yaourt au saumon fumé

Vous serez conquis
par ce yaourt original.

15 min
8 h
6 h
5 jours
Pour 8 pots

1 litre de lait entier

1 yaourt nature

4 c. s. de lait en poudre

4 tranches de saumon fumé

1 c. s. de ciboulette hachée

Poivre

Œufs de lump pour la déco

1. Versez 50 centilitres de lait dans le bol du mixeur. Ajoutez le saumon et la ciboulette.
2. Mixez le tout. Versez la préparation dans un saladier, ajoutez le yaourt nature, le lait en poudre et le reste de lait. Relevez avec le poivre et mélangez bien.
3. Répartissez la préparation dans les pots en verre. Programmez la yaourtière pour 8 heures. Laissez refroidir 1 heure.
4. Couvrez les yaourts, puis placez-les au réfrigérateur pendant au moins 6 heures.
5. Au moment de servir, décorez les yaourts de ciboulette hachée ou d'œufs de lump.

aourt La Vache qui rit et ciboulette

Yaourt rose et violette

Yaourt à l'anis étoilé

Et l'épice change tout…

10 min
8 à 10 h
6 h
7 jours
Pour 8 pots

- 1 yaourt nature
- 50 cl de lait entier
- 50 cl de lait concentré sucré
- 4 anis étoilés
- 1 c. s. de cacao

1 Versez le lait dans une casserole. Ajoutez l'anis étoilé et portez à frémissement. Retirez du feu et laissez infuser 10 minutes. Retirez l'anis.

2 Dans un saladier, fouettez le yaourt avec le lait concentré sucré. Incorporez le lait parfumé à l'anis et mélangez bien. (Goûtez et ajoutez du sucre selon les goûts de chacun.)

3 Répartissez la préparation dans les pots en verre. Programmez la yaourtière pour 8 heures.

4 Laissez refroidir 1 heure, couvrez les yaourts et placez-les au réfrigérateur pendant au moins 6 heures. Au moment de servir, saupoudrez les yaourts de cacao.

Yaourt rose et violette

Un mariage succulent de tendresse et de douceur.

10 min
8 à 10 h
6 h
7 jours
Pour 8 pots

- 1 yaourt nature
- 1 litre de lait entier
- 18 cl de lait concentré sucré
- 1 c. s. de violettes séchées (ou 1 sachet d'infusion à la violette)
- 2 c. s. d'eau de rose

1 Versez le lait dans une casserole, puis ajoutez les violettes séchées. Portez à frémissement.

2 Retirez du feu, couvrez et laissez infuser 5 minutes. Filtrez le lait dans une passoire et laissez refroidir.

3 Fouettez le yaourt avec le lait concentré sucré et l'eau de rose. Incorporez le lait parfumé. Mélangez bien.

4 Répartissez la préparation dans les pots en verre. Programmez la yaourtière pour 8 à 10 heures.

5 Laissez refroidir 1 heure. Couvrez les yaourts et placez-les au réfrigérateur pendant au moins 5 heures.

Yaourt à la menthe fraîche

Un yaourt frais, parfait pour l'été !

15 min
8 à 10 h
6 h
7 jours
Pour 8 pots

1 litre de lait entier

1 yaourt nature

4 c. s. de lait en poudre

4 c. s. de sucre en poudre

2 branches de menthe fraîche

1 Dans une casserole, mélangez le lait avec le sucre et le lait en poudre. Ajoutez les feuilles de menthe et portez à frémissement. Retirez du feu et laissez infuser 5 minutes.

2 Filtrez le lait et laissez refroidir.

3 Ajoutez le yaourt nature et mélangez bien.

4 Répartissez la préparation dans les pots en verre. Programmez la yaourtière pour 8 à 10 heures.

5 Laissez refroidir 1 heure. Couvrez les yaourts, puis placez-les au réfrigérateur pendant au moins 6 heures.

Variante : pour un goût plus prononcé, ajoutez, dans la préparation, quelques feuilles de menthe hachées. Mélangez bien.

Yaourt à la lavande

Le parfum provençal est subtil et léger.

10 min
8 à 10 h
6 h
7 jours
Pour 8 pots

1 litre de lait entier

1 yaourt nature

4 c. s. de lait en poudre

4 c. s. de sucre en poudre

3 c. s. de grains de fleurs de lavande (fraîches ou sèches)

1 Dans une casserole, mélangez le lait avec le sucre et le lait en poudre.

2 Ajoutez la lavande et portez à frémissement.

3 Retirez du feu, couvrez et laissez infuser 5 minutes.

4 Filtrez le lait, puis ajoutez le yaourt nature. Mélangez bien.

5 Répartissez la préparation dans les pots en verre. Programmez la yaourtière pour 8 à 10 heures.

6 Laissez refroidir 1 heure. Couvrez les yaourts, puis placez-les au réfrigérateur pendant au moins 6 heures.

Yaourt à la menthe fraîche

Yaourt au café

Un grand moment de gourmandise !

- 10 min
- 8 h
- 6 h
- 7 jours
- Pour 8 pots

1 yaourt nature

50 cl de lait entier

50 cl de lait concentré sucré

6 c. s. de café soluble

1 c. s. de cacao

1 Versez le lait dans un saladier. Ajoutez le café soluble et mélangez bien.

2 Ajoutez le yaourt et le lait concentré sucré. (Goûtez et ajoutez du sucre si nécessaire.)

3 Répartissez la préparation dans les pots en verre. Programmez la yaourtière pour 8 heures.

4 Laissez refroidir 1 heure. Couvrez les yaourts, puis placez-les au réfrigérateur pendant au moins 6 heures.

5 Au moment de servir, saupoudrez généreusement les yaourts de cacao.

Yaourt miel et cannelle

Les gourmands aimeront son goût tendre.

- 15 min
- 8 h
- 6 h
- 7 jours
- Pour 8 pots

1 litre de lait entier

1 yaourt nature

4 c. s. de lait en poudre

6 c. s. de miel

1 petit bâton de cannelle

1 Dans une casserole, mélangez le lait avec le miel et le lait en poudre.

2 Ajoutez le bâton de cannelle et portez à frémissement.

3 Retirez du feu, couvrez et laissez infuser 15 minutes.

4 Retirez le bâton de cannelle, puis ajoutez le yaourt nature. Mélangez bien.

5 Répartissez la préparation dans les pots en verre. Programmez la yaourtière pour 8 heures.

6 Laissez refroidir 1 heure. Couvrez les yaourts, puis placez-les au réfrigérateur pendant au moins 6 heures.

Yaourt au miel et aux amandes

Divin et délicieusement parfumé...

15 min
8 h
6 h
7 jours
Pour 8 pots

1 litre de lait entier

1 yaourt nature

4 c. s. de lait en poudre

11 c. s. de miel

Quelques amandes effilées

1 Versez 1 cuiller à soupe de miel dans le fond de chaque pot en verre.

2 Dans un saladier, fouettez le yaourt avec le lait en poudre et 3 cuillers à soupe de miel.

3 Ajoutez le lait peu à peu. Mélangez bien.

4 Répartissez la préparation dans les pots en verre. Programmez la yaourtière pour 8 heures.

5 Laissez refroidir 1 heure. Couvrez les yaourts, puis placez-les au réfrigérateur pendant au moins 6 heures.

6 Faites légèrement griller les amandes effilées à la poêle. Au moment de servir, parsemez-en les yaourts.

Yaourt au thé et aux grains de raisin

Un yaourt simple, sain et original.

15 min
8 à 10 h
6 h
7 jours
Pour 8 pots

1 litre de lait entier

1 yaourt nature

4 c. s. de lait en poudre

4 c. s. de sucre en poudre

2 sachets de thé Earl Grey

12 grains de raisin vert

Quelques feuilles de menthe

1 Dans une casserole, mélangez le lait avec le sucre et le lait en poudre.

2 Ajoutez les sachets de thé et portez à frémissement.

3 Retirez du feu, couvrez et laissez infuser 5 minutes.

4 Filtrez le lait et laissez refroidir. Ajoutez le yaourt nature et mélangez bien.

5 Répartissez la préparation dans les pots en verre. Programmez la yaourtière pour 8 à 10 heures.

6 Laissez refroidir 1 heure. Couvrez les yaourts et placez-les au réfrigérateur pendant au moins 6 heures.

7 Au moment de servir, coupez les grains de raisin en 2 et déposez-les délicatement sur les yaourts. Décorez d'une feuille de menthe.

Yaourt au réglisse

Avis aux amateurs de curiosités !

15 min
8 h
6 h
7 jours
Pour 8 pots

1 litre de lait entier

1 yaourt nature

4 c. s. de lait en poudre

6 c. s. de sucre en poudre

1 c. s. de poudre de réglisse

1 Versez le lait dans une casserole. Ajoutez la poudre de réglisse et portez à frémissement. Retirez du feu et laissez refroidir.

2 Dans un saladier, fouettez le yaourt avec le lait en poudre et le sucre. Incorporez le lait parfumé à la réglisse.

3 Répartissez la préparation dans les pots. Programmez la yaourtière pour 8 heures.

4 Laissez refroidir 1 heure. Couvrez les yaourts, puis placez-les au réfrigérateur pendant au moins 6 heures.

Variante : remplacez la poudre de réglisse par 50 grammes de bonbons à la réglisse (Stoptou) et diminuez la quantité de sucre de moitié.

Yaourt au thé et aux grains de raisin

Yaourt à la vanille

Un délice pour les amateurs de douceur.

15 min
8 h
6 h
7 jours
Pour 8 pots

1 litre de lait entier

1 yaourt nature

4 c. s. de lait en poudre

4 c. s. de cassonade

2 gousses de vanille

1 Coupez les gousses de vanille dans le sens de la longueur et grattez l'intérieur pour récupérer les graines.

2 Dans une casserole, mélangez le lait avec le sucre et le lait en poudre.

3 Ajoutez la vanille (graines et gousses) et portez à frémissement.

4 Retirez du feu, couvrez et laissez infuser 15 minutes.

5 Retirez les gousses de vanille, puis ajoutez le yaourt nature. Mélangez bien.

6 Répartissez la préparation dans les pots en verre. Programmez la yaourtière pour 8 heures.

7 Laissez refroidir 1 heure. Couvrez les yaourts et placez-les au réfrigérateur pendant au moins 6 heures.

Yaourt à la fleur d'oranger

Doux et délicatement parfumé.

10 min
8 h
6 h
7 jours
Pour 8 pots

1 yaourt nature

4 c. s. de lait en poudre

4 c. s. de sucre en poudre

1 litre de lait entier

4 c. s. d'eau de fleur d'oranger

1 Dans un saladier, fouettez le yaourt, le lait en poudre, le sucre et l'eau de fleur d'oranger.

2 Ajoutez le lait peu à peu. Mélangez bien.

3 Répartissez la préparation dans les pots en verre. Programmez la yaourtière pour 8 heures.

4 Laissez refroidir 1 heure. Couvrez les yaourts, puis placez-les au réfrigérateur pendant au moins 5 heures.

ourt à la vanille

Yaourt cardamome et cannelle

Yaourt aux amandes et au sirop d'orgeat

10 min
8 h
6 h
7 jours
Pour 8 pots

- 1 yaourt nature
- 1 litre de lait entier
- 3 c. s. de lait en poudre
- 2 c. s. de cassonade
- 3 c. s. de sirop d'orgeat
- 3 c. s. d'amandes en poudre

1 Dans un saladier, fouettez le yaourt avec le lait en poudre, le sucre, la poudre d'amandes et le sirop d'orgeat.

2 Ajoutez le lait peu à peu. Mélangez bien.

3 Répartissez la préparation dans les pots en verre et déposez-les au fur et à mesure dans la yaourtière. Programmez-la pour 8 heures.

4 Laissez refroidir 1 heure. Couvrez les yaourts, puis placez-les au réfrigérateur pendant au moins 6 heures.

Yaourt cardamome et cannelle

Des saveurs nouvelles et exotiques dans un délicieux yaourt.

15 min
8 h
6 h
7 jours
Pour 8 pots

- 1 litre de lait entier
- 1 yaourt nature
- 4 c. s. de lait en poudre
- 4 c. s. de cassonade
- 1 petit bâton de cannelle
- 6 graines de cardamome
- 1 c. c. de cannelle en poudre

1 Dans une casserole, mélangez le lait avec le sucre et le lait en poudre.

2 Ajoutez les graines de cardamome et le bâton de cannelle, et portez à frémissement.

3 Retirez du feu, couvrez et laissez infuser 15 minutes.

4 Retirez le bâton de cannelle, filtrez le lait, puis ajoutez le yaourt nature. Mélangez bien.

5 Répartissez la préparation dans les pots en verre. Programmez la yaourtière pour 8 heures.

6 Laissez refroidir 1 heure. Couvrez les yaourts, puis placez-les au réfrigérateur pendant au moins 6 heures.

7 Au moment de servir, saupoudrez les yaourts de cannelle en poudre.

Yaourt coco et carotte

Le mélange de l'exotisme et de l'originalité.

10 min

8 h

6 h

7 jours

Pour 8 pots

1 yaourt nature

50 cl de lait entier

30 cl de lait de coco

20 cl de jus de carotte

18 cl de lait concentré sucré

2 c. s. de noix de coco râpée

1 Dans un saladier, fouettez le yaourt avec le lait de coco, le jus de carotte et le lait concentré sucré.

2 Ajoutez la noix de coco et le lait. Mélangez bien.

3 Répartissez la préparation dans les pots en verre. Programmez la yaourtière pour 8 heures.

4 Laissez refroidir 1 heure.

5 Couvrez les yaourts, puis placez-les au réfrigérateur pendant au moins 6 heures.

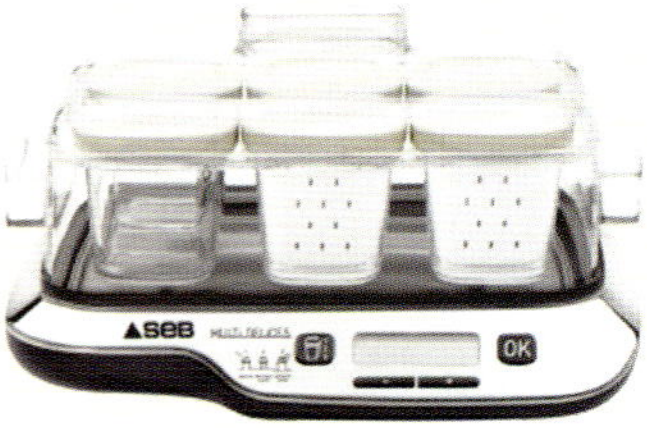

Yaourt au rhum et aux raisins secs

Ce yaourt deviendra votre petit péché mignon.

15 min

8 h

6 h

7 jours

Pour 8 pots

1 yaourt nature

1 litre de lait entier

4 c. s. de lait en poudre

4 c. s. de sucre brun

100 g de raisins secs

4 gouttes d'extrait de rhum

1 Trempez les raisins secs dans un grand bol d'eau très chaude additionnée de 2 gouttes d'extrait de rhum.

2 Laissez gonfler 10 minutes. Égouttez les raisins secs, puis répartissez-les dans les pots de yaourt.

3 Dans un saladier, fouettez le yaourt avec le lait en poudre, le sucre et l'extrait de rhum. Incorporez le lait peu à peu. Mélangez bien.

4 Versez la préparation sur les raisins secs et déposez les pots au fur et à mesure dans la yaourtière. Programmez-la pour 8 heures.

5 Laissez refroidir 1 heure. Couvrez les yaourts, puis placez-les au réfrigérateur pendant au moins 6 heures.

aourt coco et carotte

Yaourt au muesli, aux groseilles et au miel

Parfait pour un petit-déjeuner complet.

20 min
8 h
5 h
7 jours
Pour 8 pots

1 litre de lait entier

1 yaourt nature

4 c. s. de lait en poudre

12 c. s. de miel

6 c. s. de muesli

200 g de groseilles

1. Dans un saladier, fouettez le yaourt avec le lait en poudre et 4 cuillers à soupe de miel.
2. Incorporez le lait peu à peu.
3. Répartissez la préparation dans les pots en verre. Programmez la yaourtière pour 8 heures.
4. Laissez refroidir 1 heure.
5. Versez 1 cuiller à soupe de miel dans le fond de chaque verrine. Recouvrez d'une couche de groseilles, de muesli, puis de yaourt.
6. Recommencez l'opération en terminant par le yaourt. Couvrez les yaourts, puis placez-les au réfrigérateur pendant au moins 5 heures.

Yaourt à la pistache

15 min
8 à 10 h
6 h
7 jours
Pour 8 pots

1 litre de lait entier

1 yaourt nature

4 c. s. de lait en poudre

3 c. s. de sucre en poudre

3 c. s. de pâte de pistache

Quelques pistaches concassées

1. Dans une casserole, mélangez le lait avec la pâte de pistache.
2. Faites tiédir en remuant jusqu'à ce que la pâte de pistache fonde. Incorporez le sucre et le lait en poudre.
3. Laissez refroidir, puis ajoutez le yaourt nature. Mélangez bien.
4. Répartissez la préparation dans les pots en verre. Programmez la yaourtière pour 8 à 10 heures.
5. Laissez refroidir 1 heure. Couvrez les yaourts, puis placez-les au réfrigérateur pendant au moins 6 heures.
6. Au moment de servir, saupoudrez les yaourts de pistaches concassées.

Yaourt au muesli,
aux groseilles et au miel

Yaourt aux fruits secs

Réservez ce yaourt pour une soirée d'hiver.

15 min
8 h
6 h
7 jours
Pour 8 pots

1 yaourt nature

1 litre de lait entier

4 c. s. de lait en poudre

4 c. s. de miel

75 g de fruits secs (amandes, noisettes, pistaches, etc.)

50 g d'écorces d'orange confite (+ 10 g pour la déco)

1 Râpez grossièrement les fruits secs et faites-les blondir à la poêle. Répartissez-les dans les pots en verre.

2 Versez le lait dans une casserole. Ajoutez les écorces d'orange confite et portez à frémissement. Retirez du feu et laissez infuser 10 minutes. Filtrez le lait.

3 Dans un saladier, fouettez le yaourt avec le lait en poudre et le miel. Ajoutez le lait aromatisé à l'orange. Mélangez bien.

4 Versez la préparation sur les fruits secs et déposez les pots au fur et à mesure dans la yaourtière. Laissez étuver pendant 8 heures.

5 Laissez refroidir 1 heure. Couvrez les yaourts, puis placez-les au réfrigérateur pendant au moins 6 heures.

Yaourt coco

Une délicieuse préparation qui fleure bon les îles.

10 min
8 h
6 h
7 jours
Pour 8 pots

1 yaourt nature

70 cl de lait entier

30 cl de lait de coco

15 cl de lait concentré sucré

2 c. s. de noix de coco râpée

1 Dans un saladier, fouettez le yaourt avec le lait de coco et le lait concentré sucré. Incorporez le lait et mélangez bien.

2 Répartissez la préparation dans les pots en verre. Programmez la yaourtière pour 8 heures.

3 Laissez refroidir 1 heure, couvrez les yaourts et placez-les au réfrigérateur pendant au moins 5 heures.

4 Au moment de servir, saupoudrez généreusement les yaourts de noix de coco râpée.

Yaourt coco

Yaourt à la confiture

Cette recette est simple et déclinable à souhait.

10 min
8 h
6 h
7 jours
Pour 8 pots

1 litre de lait entier

1 yaourt nature

4 c. s. de lait en poudre

3 c. s. de sucre en poudre

8 c. s. de confiture (au choix)

1 Déposez 1 cuiller à soupe de confiture dans chaque pot en verre.

2 Fouettez le yaourt avec le sucre et le lait en poudre. Ajoutez le lait et mélangez bien.

3 Versez délicatement la préparation sur la confiture. Déposez au fur et à mesure dans la yaourtière. Laissez étuver pendant 8 heures.

4 Laissez refroidir 1 heure. Couvrez les yaourts, puis placez-les au réfrigérateur pendant au moins 6 heures.

Astuce : si la confiture n'est pas assez compacte, mélangez-la dans le lait.

Yaourt pomme-poire

30 min
8 h
6 h
7 jours
Pour 8 pots

1 litre de lait entier

1 yaourt nature

3 c. s. de lait en poudre

2 c. s. de sucre en poudre

1 sachet de sucre vanillé

1 grosse pomme

1 grosse poire

1 Lavez et épluchez les fruits. Coupez-les en 4 et retirez le cœur de chaque quartier. Détaillez-les en petits cubes et déposez-les dans une casserole. Ajoutez 1 cuiller à soupe d'eau, couvrez et faites cuire 10 minutes.

2 Écrasez les fruits à la fourchette. Déposez 1 cuiller à soupe de compotée pomme-poire dans chaque pot de yaourt.

3 Fouettez le yaourt avec le sucre, le lait en poudre et le sucre vanillé. Ajoutez le lait et mélangez bien.

4 Versez délicatement la préparation sur la compotée de fruits. Déposez au fur et à mesure dans la yaourtière. Laissez étuver pendant 8 heures.

5 Laissez refroidir 1 heure. Couvrez les yaourts, puis placez-les au réfrigérateur pendant au moins 6 heures.

ourt à la confiture

Yaourt aux framboises

Yaourt aux myrtilles

20 min

8 h

6 h

7 jours

Pour 8 pots

litre de lait entier

yaourt nature

3 c. s. de lait en poudre

Pour la compotée :

250 g de myrtilles

80 g de sucre en poudre

1 Rincez les myrtilles et faites-les compoter sur feu doux avec 80 grammes de sucre et 1 cuiller à soupe d'eau.

2 Laissez refroidir. Versez le lait dans le bol du mixeur.

3 Ajoutez le lait en poudre, le yaourt et la compotée de myrtilles. Mixez le tout.

4 Répartissez la préparation dans les pots en verre. Programmez la yaourtière pour 8 heures.

5 Laissez refroidir 1 heure, couvrez les yaourts et placez-les au réfrigérateur pendant au moins 6 heures.

Yaourt aux framboises

15 min

8 h

6 h

7 jours

Pour 8 pots

1 litre de lait entier

1 yaourt nature

3 c. s. de lait en poudre

3 c. s. de sucre en poudre

Pour la compotée :

150 g de framboises

70 g de sucre en poudre

1 Rincez les framboises et faites-les compoter sur feu doux avec 70 grammes de sucre et 1 cuiller à soupe d'eau.

2 Laissez refroidir. Fouettez le yaourt avec le sucre et le lait en poudre.

3 Incorporez le lait et la compotée de framboises. Mélangez bien.

4 Répartissez la préparation dans les pots en verre. Programmez la yaourtière pour 8 heures.

5 Laissez refroidir 1 heure, couvrez les yaourts et placez-les au réfrigérateur pendant au moins 6 heures.

Yaourt orange chocolat

Une pure merveille mêlant le sucré et l'amertume.

15 min

8 à 10 h

6 h

7 jours

Pour 8 pots

1 litre de lait entier

1 yaourt nature

4 c. s. de lait en poudre

100 g de chocolat noir « dessert »

Le zeste d'une orange haché finement

1 Versez 50 centilitres de lait dans une casserole. Ajoutez le chocolat cassé en petits morceaux et faites fondre à feu doux.

2 Remuez jusqu'à obtenir une préparation lisse. Retirez du feu, puis ajoutez le zeste d'orange. Réservez.

3 Fouettez le yaourt avec le lait en poudre et le reste de lait. Incorporez le mélange à la préparation au chocolat.

4 Répartissez dans les pots en verre. Programmez la yaourtière pour 8 à 10 heures.

5 Laissez refroidir 1 heure, couvrez, puis placez les yaourts au réfrigérateur pendant au moins 5 heures.

Yaourt aux litchis, au muesli et aux noix de coco

20 min

8 h

6 h

7 jours

Pour 6 pots

1 litre de lait entier

1 yaourt nature

4 c. s. de lait en poudre

3 c. s. de sucre en poudre

25 litchis épluchés et dénoyautés (+ 8 litchis pour la déco)

2 c. s. de noix de coco râpée

1 Versez 50 centilitres de lait dans le bol du mixeur. Ajoutez le yaourt, le sucre, le lait en poudre et les litchis.

2 Mixez le tout, puis incorporez le reste de lait. Mixez à nouveau.

3 Répartissez la préparation dans les pots en verre en prenant soin de ne les remplir qu'aux trois quarts. Programmez la yaourtière pour 8 à 10 heures.

4 Laissez refroidir 1 heure. Couvrez les yaourts, puis réservez-les au moins 6 heures au réfrigérateur.

5 Au moment de servir, recouvrez les yaourts d'une couche de muesli, déposez au centre de chaque yaourt un litchi frais et saupoudrez de noix de coco.

Variante : si vous souhaitez superposer des couches de yaourt et de muesli : laissez les yaourts prendre pendant 8 heures. Faites refroidir les yaourts 1 heure, puis alternez, dans les verrines, une couche de yaourt et une couche de muesli. Terminez par une couche de muesli, puis décorez les verrines avec des litchis frais et de la noix de coco. Réservez 6 heures au réfrigérateur.

Yaourt aux litchis, au muesli et aux noix de coco

Yaourt à la banane

Ce yaourt est délicieux
et facile à réaliser.

15 min
8 h
6 h
7 jours
Pour 8 pots

1 l de lait entier

1 yaourt nature

2 bananes bien mûres

5 c. s. de cassonade

1 Épluchez et écrasez les bananes à la fourchette.

2 Versez, dans le bol du mixeur, le lait, le yaourt, le sucre et les bananes écrasées.

3 Mixez le tout.

4 Répartissez la préparation dans les pots en verre. Programmez la yaourtière pour 8 heures.

5 Laissez refroidir 1 heure, couvrez les yaourts et placez-les au réfrigérateur pendant au moins 6 heures.

Yaourt à l'orange

Fraîchement parfumé,
presque comme un jus de fruit à boire.

30 min
8 h
6 h
7 jours
Pour 8 pots

80 cl de lait entier

1 yaourt nature

6 c. s. de lait en poudre

6 c. s. de sucre de canne

Le zeste de 2 oranges

Le jus de 1 orange

1 Versez le lait dans une casserole. Ajoutez le zeste et le jus d'orange, et portez à frémissement.

2 Retirez du feu et laissez infuser 10 minutes. Filtrez le lait avec un tamis.

3 Fouettez le yaourt avec le lait en poudre et le sucre de canne. Ajoutez le lait parfumé à l'orange.

4 Mélangez bien, puis répartissez dans les pots de yaourt. Programmez la yaourtière pour 10 heures.

5 Laissez refroidir 1 heure. Couvrez les yaourts, puis placez-les au réfrigérateur pendant au moins 6 heures.

Variante : supprimez le sucre et remplacez 50 centilitres de lait par du lait concentré sucré.

aourt à la banane

Yaourt à la cerise

Un yaourt onctueux et unique.

10 min
8 h
6 h
7 jours
Pour 8 pots

1 litre de lait entier

1 yaourt nature

4 c. s. de lait en poudre

2 c. s. de sucre en poudre

Pour la confiture :

200 g de cerises

100 g de sucre en poudre

1 Rincez et dénoyautez les cerises. Déposez-les dans une casserole et ajoutez 100 grammes de sucre.

2 Mélangez bien et portez à ébullition pendant 15 minutes en remuant régulièrement. Laissez refroidir. Déposez 1 cuiller à soupe de confiture de cerises dans chaque pot.

3 Fouettez le yaourt avec le sucre et le lait en poudre. Ajoutez le lait et mélangez bien.

4 Versez délicatement la préparation sur la confiture. Déposez au fur et à mesure dans la yaourtière. Laissez étuver pendant 8 heures.

5 Laissez refroidir 1 heure, couvrez les yaourts, puis placez-les au réfrigérateur pendant au moins 6 heures.

6 Au moment de servir, décorez les yaourts d'une cerise.

Yaourt mangue et vanille

Idéal pour le plaisir des papilles... et des yeux.

10 min
8 à 10 h
6 h
7 jours
Pour 8 pots

1 litre de lait entier

1 yaourt nature

4 c. s. de lait en poudre

4 c. s. de cassonade

1 gousse de vanille

Pour le coulis :

1 mangue bien mûre

3 c. s. de sucre

1 Coupez les gousses de vanille dans le sens de la longueur et grattez l'intérieur pour récupérer les graines. Dans une casserole, mélangez le lait avec la cassonade et le lait en poudre.

2 Ajoutez la vanille (graines et gousse) et portez à frémissement. Retirez du feu, couvrez et laissez infuser 15 minutes (le lait doit être à température ambiante).

3 Retirez les gousses de vanille, puis ajoutez le yaourt nature. Mélangez bien. Répartissez la préparation dans les pots en verre en prenant soin de ne les remplir qu'aux trois quarts. Programmez la yaourtière pour 8 à 10 heures.

4 Laissez refroidir 1 heure, couvrez, puis placez au réfrigérateur pendant au moins 6 heures.

5 Préparez le coulis de mangue : pelez et coupez la mangue en petits morceaux. Versez les morceaux de mangue et le sucre dans le bol du mixeur. Mixez le tout jusqu'à obtenir un coulis onctueux. Réservez au frais. Au moment de servir, arrosez les yaourts d'un filet de coulis de mangue.

Yaourt à la cerise

Yaourt au citron

Une sensation rafraîchissante.

40 min
8 h
6 h
7 jours
Pour 8 pots

1 litre de lait entier

1 yaourt nature

2 c. s. de sucre en poudre

4 c. s. de lemon curd

Pour le lemon curd :

Le jus de 4 citrons bios

Le zeste de 2 citrons bios

150 g de sucre en poudre

1 c. s. de maïzena

3 œufs

1 noisette de beurre

1 Préparez le lemon curd : versez le jus et le zeste de citron dans une petite casserole. Ajoutez le sucre et la maïzena.

2 Mélangez bien et portez sur feu doux. Ajoutez les œufs battus et remuez sans cesse à l'aide d'un fouet, jusqu'à ce que la préparation épaississe. Retirez du feu, ajoutez la noisette de beurre. Mélangez bien, puis laissez refroidir.

3 Fouettez le yaourt avec le sucre et le lemon curd. Ajoutez le lait et mélangez bien.

4 Répartissez la préparation dans les pots en verre. Déposez-les au fur et à mesure dans la yaourtière que vous programmerez pour 8 heures.

5 Laissez refroidir 1 heure, couvrez, puis placez les yaourts au réfrigérateur pendant au moins 5 heures.

Variante : pour un yaourt au citron plus léger, remplacez le lemon curd par le zeste et le jus de 1 citron. Ajoutez 3 cuillers à soupe de lait en poudre et 3 cuillers à soupe de sucre.

Yaourt épicé à la marmelade d'orange

30 min
8 h
6 h
7 jours
Pour 8 pots

1 litre de lait entier

1 yaourt nature

4 c. s. de lait en poudre

3 c. s. de cassonade

1 c. s. d'épices pour pain d'épice

Pour la marmelade d'oranges :

400 g d'oranges

200 g de sucre en poudre

1 Préparez la marmelade d'oranges : épluchez les oranges et coupez-les en petits morceaux. Mélangez les oranges avec 200 grammes de sucre en poudre. Versez dans une casserole et faites cuire 15 à 20 minutes sur feu moyen en remuant régulièrement. Laissez refroidir.

2 Déposez 1 cuiller à soupe de marmelade d'oranges au fond de chaque pot de yaourt. Versez le lait et la cassonade dans une casserole. Ajoutez les épices, mélangez bien et portez à frémissement. Retirez du feu, couvrez et laissez infuser 10 minutes (le lait doit être à température ambiante).

3 Fouettez le yaourt nature avec le lait en poudre. Ajoutez le lait épicé et mélangez bien.

4 Versez délicatement la préparation sur la marmelade d'oranges. Déposez au fur et à mesure dans la yaourtière. Laissez étuver pendant 8 heures. Laissez refroidir 1 heure, couvrez les yaourts, puis placez-les au réfrigérateur pendant au moins 6 heures.

ourt au citron

Yaourt brassé à la pêche et aux corn-flakes

Yaourt crème de marrons

Ce yaourt d'automne déborde de douceur.

10 min

8 h

6 h

7 jours

Pour 8 pots

1 litre de lait entier

1 yaourt nature

4 c. s. de lait en poudre

3 c. s. de sucre en poudre

3 c. s. de crème de marrons (ou confiture de châtaignes)

Quelques brisures de marrons glacés

1 Déposez 1 cuiller à soupe de crème de marrons au fond de chaque pot de yaourt.

2 Fouettez le yaourt avec le sucre et le lait en poudre. Ajoutez le lait et mélangez bien.

3 Versez délicatement la préparation sur la crème de marrons.

4 Déposez au fur et à mesure dans la yaourtière. Laissez étuver pendant 8 heures.

5 Laissez refroidir 1 heure, couvrez les yaourts, puis placez-les au réfrigérateur pendant au moins 6 heures.

6 Au moment de servir, parsemez les yaourts de quelques brisures de marrons glacés.

Yaourt brassé à la pêche et aux corn-flakes

Pour le plaisir des petits et des grands.

30 min

8 h

6 h

7 jours

Pour 8 pots

80 cl de lait entier

1 yaourt nature

4 c. s. de lait en poudre

Pour la marmelade de pêches :

300 g de pêches

100 g de sucre en poudre

1 Fouettez le yaourt avec le lait en poudre et le lait. Répartissez la préparation dans les pots en verre. Programmez la yaourtière pour 8 heures.

2 Laissez refroidir 1 heure, couvrez les yaourts et placez-les au réfrigérateur pendant au moins 5 heures.

3 Préparez la marmelade de pêches : épluchez les pêches et coupez-les en 2. Retirez les noyaux, puis détaillez la chair en petits morceaux. Dans une casserole, faites cuire les morceaux de pêche avec 100 grammes de sucre et 1 cuiller à soupe d'eau, sur feu doux, pendant 10 minutes. Laissez refroidir.

4 Videz les pots de yaourt dans un saladier. Mélangez au fouet pour lui donner une texture lisse et un peu liquide. Ajoutez la marmelade de pêches et mélangez bien.

5 Remplissez les pots de yaourt avec la préparation. Couvrez et réservez au réfrigérateur jusqu'au moment de servir.

Yaourt au chocolat

Les amateurs de chocolat vont succomber...

10 min
8 h
6 h
7 jours
Pour 8 pots

1 litre de lait entier

1 yaourt nature

4 c. s. de lait en poudre

4 c. s. de sucre en poudre

200 g de chocolat noir « dessert »

1 Versez 50 centilitres de lait dans une casserole. Ajoutez le chocolat cassé en petits morceaux et faites fondre à feu doux.

2 Remuez jusqu'à obtenir une préparation lisse. Retirez du feu et laissez tiédir.

3 Fouettez le yaourt avec le sucre, le lait en poudre et le reste de lait. Incorporez le mélange à la préparation au chocolat. Répartissez dans les pots de yaourt. Programmez la yaourtière pour 8 heures.

4 Laissez refroidir 1 heure, couvrez les yaourts, puis placez-les au réfrigérateur pendant au moins 6 heures.

Variantes : remplacez la tablette de chocolat noir par une tablette de chocolat au lait ou blanc. Si vous n'avez pas de tablette de chocolat à la maison, versez le litre de lait dans une casserole et ajoutez 10 cuillers à soupe de cacao. Mélangez bien et faites tiédir. Ajoutez enfin le mélange yaourt-sucre-lait en poudre.

Yaourt au sirop d'érable

Ce délice de nos cousins d'Amérique est fondant et onctueux en bouche.

10 min
8 h
6 h
7 jours
Pour 8 pots

1 yaourt nature

1 litre de lait entier

4 c. s. de lait en poudre

8 c. s. de sirop d'érable

2 c. s. de sucre roux

1 Dans un saladier, fouettez le yaourt avec le lait en poudre, le sucre roux et le sirop d'érable.

2 Ajoutez le lait peu à peu et mélangez bien.

3 Répartissez la préparation dans les pots en verre.

4 Programmez la yaourtière pour 8 heures.

5 Laissez refroidir 1 heure, couvrez les yaourts, puis placez-les au réfrigérateur pendant au moins 6 heures.

aourt au chocolat

Yaourt aux fraises Tagada® et aux M&M's®

15 min
8 h
6 h
7 jours
Pour 8 pots

Fraises Tagada® :

1 litre de lait entier

1 yaourt nature

4 c. s. de lait en poudre

100 g de fraises Tagada®

M&M's® :

1 litre de lait entier

1 yaourt nature

4 c. s. de lait en poudre

3 c. s. de sucre en poudre

300 g de M&M's®

Yaourts au fraises Tagda

1 Versez le lait dans une casserole. Ajoutez les fraises Tagada et faites fondre sur feu doux en remuant souvent. Retirez du feu, passez au chinois et laissez refroidir.

2 Fouettez le yaourt avec le lait en poudre. Ajoutez au mélange lait-fraises Tagada. Répartissez dans les pots de yaourt. Programmez la yaourtière pour 8 heures. Laissez refroidir 1 heure, couvrez les yaourts, puis placez-les au réfrigérateur pendant 6 heures.

Yaourts au M&M's

1 Triez les bonbons par couleurs. Concassez-les séparément, puis répartissez-les dans les pots de yaourt. Fouettez le yaourt avec le sucre et le lait en poudre. Incorporez le lait. Répartissez la préparation dans les pots de yaourt. Programmez la yaourtière pour 8 heures.

2 Laissez refroidir 1 heure, couvrez les yaourts, puis placez-les au réfrigérateur pendant au moins 6 heures.

Yaourt au caramel

Tout simplement irrésistible...

15 min
8 h
6 h
7 jours
Pour 8 pots

1 litre de lait entier

1 yaourt nature

4 c. s. de lait en poudre

22 Carambar

1 Versez le lait dans une casserole.

2 Ajoutez les Carambar et faites fondre sur feu doux en remuant souvent. Retirez du feu et laissez refroidir.

3 Fouettez le yaourt avec le lait en poudre. Ajoutez au mélange lait-Carambar.

4 Répartissez dans les pots de yaourt. Programmez la yaourtière pour 8 heures.

5 Laissez refroidir 1 heure, couvrez les yaourts, puis placez-les au réfrigérateur pendant au moins 6 heures.

Yaourt aux fraises Tagada et aux M&M's

Yaourt aux spéculoos

Un dessert au biscuit culte qui fera l'unanimité.

10 min
8 h
6 h
7 jours
Pour 8 pots

1 litre de lait entier

1 yaourt nature

3 c. s. de cassonade

120 g de spéculoos

1 Dans le bol du mixeur, versez le lait, le yaourt, la cassonade et les biscuits.

2 Mixez le tout.

3 Répartissez la préparation dans les pots en verre.

4 Programmez la yaourtière pour 8 heures.

5 Laissez refroidir 1 heure, couvrez les yaourts et placez-les au réfrigérateur pendant au moins 6 heures.

Variante : remplacez les spéculoos par des Petit Brun ou petits-beurres…

Yaourt chocolat blanc au riz soufflé

Original, ce yaourt est croustillant à souhait.

15 min
8 h
6 h
7 jours
Pour 8 pots

1 litre de lait entier

1 yaourt nature

4 c. s. de lait en poudre

200 g de chocolat blanc au riz soufflé

1 Versez 50 centilitres de lait dans une casserole. Ajoutez le chocolat blanc au riz soufflé cassé en petits morceaux et faites fondre à feu doux.

2 Remuez jusqu'à obtenir une préparation lisse. Retirez du feu et laissez tiédir.

3 Fouettez le yaourt avec le lait en poudre et le reste de lait. Incorporez le mélange à la préparation au chocolat blanc.

4 Répartissez dans les pots de yaourt (le riz doit remonter à la surface).

5 Programmez la yaourtière pour 8 heures.

6 Laissez refroidir 1 heure, couvrez les yaourts, puis placez-les au réfrigérateur pendant au moins 6 heures.

ourt aux spéculoos

Yaourt crumble

Une revisitation du cèlèbre dessert anglo-saxon.

40 min
8 h
6 h
7 jours
Pour 8 pots

2 grosses pommes

1 sachet de sucre vanillé

Pour le yaourt :

1 litre de lait entier

1 yaourt nature

3 c. s. de lait en poudre

3 c. s. de sucre en poudre

Pour le crumble :

75 g de farine

25 g d'amandes en poudre

60 g de cassonade

50 g de beurre ramolli

1 pincée de cannelle

1 Épluchez et coupez les pommes en 2. Retirez les cœurs, puis détaillez les pommes en petits dés. Faites fondre 10 grammes de beurre dans une poêle et faites caraméliser les dés de pomme avec le sucre vanillé. Laissez refroidir. Répartissez les pommes caramélisées dans les pots de yaourt. Préparez les yaourts : fouettez le yaourt avec le sucre et le lait en poudre. Incorporez le lait.

2 Versez la préparation sur les pommes caramélisées. Déposez au fur et à mesure dans la yaourtière. Laissez étuver pendant 8 heures. Laissez refroidir 1 heure, couvrez les yaourts, puis placez-les au réfrigérateur pendant 6 heures.

3 Préparez le crumble : préchauffez le four à 180 °C (th. 6). Dans un saladier, mélangez la farine, la poudre d'amandes, le sucre, la cannelle et le sel. Ajoutez le beurre mou et travaillez la pâte avec les doigts jusqu'à obtenir une pâte sableuse. Déposez la pâte sur une plaque et enfournez 15 minutes, jusqu'à ce que la pâte dore. Laissez refroidir. Au moment de servir, recouvrez les yaourts de crumble.

Yaourt aux œufs et au caramel

15 min
6 h
6 h
7 jours
Pour 8 pots

1 litre de lait entier

1 yaourt nature

4 c. s. de cassonade

2 c. s. de lait en poudre

1 jaune d'œuf

1 œuf entier

8 c. s. de caramel

1 Versez 1 cuiller à soupe de caramel dans chaque pot en verre.

2 Fouettez le yaourt avec l'œuf entier, le jaune d'œuf, le sucre et le lait en poudre. Incorporez le lait peu à peu. Versez délicatement la préparation sur le caramel. Programmez la yaourtière pour 6 heures.

3 Laissez refroidir 1 heure, couvrez les yaourts et placez-les au réfrigérateur pendant au moins 6 heures. Au moment de servir, arrosez les yaourts de 1 cuiller à café de caramel.

4 Vous avez le temps : préparez votre caramel avec 1 cuiller à café de vinaigre, 250 grammes de sucre en poudre et 18 centilitres d'eau. Versez le vinaigre, le sucre et 6 centilitres d'eau dans une petite casserole. Portez 10 minutes à ébullition.

5 Lorsque le caramel blondit, baissez le feu et ajoutez peu à peu 12 centilitres d'eau froide. Mélangez bien. Augmentez le feu et laissez cuire 1 minute.

Yaourt crumble

Yaourt aux brownies

Yaourt à la vergeoise

10 min
8 h
6 h
7 jours
Pour 8 pots

1 litre de lait entier

1 yaourt nature

4 c. s. de lait en poudre

10 c. s. de vergeoise brune (ou blonde pour un goût moins prononcé)

1 Dans un saladier, fouettez le yaourt avec le lait en poudre et la vergeoise.

2 Ajoutez le lait petit à petit et mélangez bien.

3 Répartissez la préparation dans les pots en verre.

4 Programmez la yaourtière pour 8 heures.

5 Laissez refroidir 1 heure, couvrez les yaourts, puis placez-les au réfrigérateur pendant au moins 6 heures.

Yaourt aux brownies

Un enchantement des papilles pour les amateurs de chocolat.

45 min
8 h
6 h
7 jours
Pour 8 pots

Pour le yaourt :

1 litre de lait entier

1 yaourt nature

4 c. s. de lait en poudre

4 c. s. de cassonade

Pour le brownie :

200 g de chocolat noir

150 g de sucre en poudre

150 g de beurre + 10 g (pour le moule)

70 g de farine

70 g de noix concassées

3 œufs

1 sachet de sucre vanillé

1 pincée de sel

1 Préparez le brownie : préchauffez le four 180 °C (th. 6). Beurrez le moule. Coupez le chocolat en morceaux, puis faites-le fondre au bain-marie avec le beurre. Mélangez jusqu'à obtenir une préparation lisse.

2 Ajoutez le sucre, la vanille, le sel et enfin les œufs battus en omelette. Mélangez bien, puis incorporez la farine et les noix. Versez la préparation dans le moule beurré et faites cuire 15 minutes au four. Laissez refroidir. Démoulez le brownie, puis découpez-le en petits carrés. Tassez un morceau de brownie au fond de chaque pot.

3 Préparez les yaourts : dans un saladier, fouettez le yaourt avec le lait en poudre et la cassonade. Ajoutez le lait et mélangez bien. Versez la préparation sur les brownies. Programmez la yaourtière pour 8 heures.

4 Laissez refroidir 1 heure, couvrez les yaourts, puis placez-les au réfrigérateur pendant 6 heures. Au moment de servir, recouvrez les yaourts de miettes de brownies.

Yaourt au pain d'épice

Offrez-vous un vrai plaisir aux saveurs de Noël.

10 min
8 h
6 h
7 jours
Pour 8 pots

1 litre de lait entier

1 yaourt nature

4 c. s. de sucre roux

180 g de pain d'épice

1 Dans le bol du mixeur, versez le lait et le pain d'épice.

2 Donnez un coup de mixeur, puis ajoutez le sucre roux et le yaourt. Mixez de nouveau.

3 Répartissez la préparation dans les pots en verre.

4 Programmez la yaourtière pour 8 à 10 heures.

5 Laissez refroidir 1 heure, couvrez les yaourts et placez-les au réfrigérateur pendant au moins 6 heures.

Variante : remplacez le sucre roux par du miel.

Yaourt à la confiture de lait

Les gourmands apprécieront ce pur plaisir.

10 min
8 h
6 h
7 jours
Pour 8 pots

1 litre de lait entier

1 yaourt nature

4 c. s. de lait en poudre

300 g de lait concentré sucré

3 c. s. de pralin

1 Mettez une boîte fermée de lait concentré sucré dans une casserole.

2 Recouvrez d'eau et portez à ébullition pendant 45 minutes, le temps que le lait caramélise. Laissez complètement refroidir avant d'ouvrir. Déposez 1 cuillère de confiture de lait dans le fond de chaque pot.

3 Dans un saladier, fouettez le yaourt avec le lait en poudre et le lait. Versez la préparation sur la confiture de lait. Programmez la yaourtière pour 8 heures.

4 Laissez refroidir 1 heure, couvrez les yaourts, puis placez-les au réfrigérateur pendant au moins 6 heures. Au moment de servir, saupoudrez généreusement les yaourts de pralin.

Variante : mélangez la confiture de lait avec le lait tiède avant d'ajouter le yaourt et le lait en poudre…

aourt au pain d'épice

Yaourt au nougat

Ou comment fondre de plaisir...

15 min

10 h

6 h

7 jours

Pour 8 pots

1 litre de lait entier

1 yaourt nature

4 c. s. de lait en poudre

150 g de nougat

1 Versez 50 centilitres de lait dans une casserole. Ajoutez le nougat cassé en petits morceaux.

2 Remuez jusqu'à ce que le nougat fonde. Retirez du feu et laissez tiédir.

3 Fouettez le yaourt avec le lait en poudre et le reste de lait. Versez ce mélange sur la préparation au nougat.

4 Mélangez bien, puis répartissez dans les pots de yaourt. Programmez la yaourtière pour 10 heures.

5 Laissez refroidir 1 heure, couvrez les yaourts, puis placez-les au réfrigérateur pendant au moins 6 heures.

Yaourt au coca-cola

Un délice très surprenant.

10 min

8 h

6 h

7 jours

Pour 8 pots

1 yaourt nature

80 cl de lait entier

6 c. s. de lait en poudre

3 c. s. de sucre

20 cl de coca-cola dégazéifié

1 Dans un saladier, fouettez le yaourt avec le lait en poudre et le sucre.

2 Ajoutez le lait peu à peu, puis le coca-cola. Mélangez bien.

3 Répartissez la préparation dans les pots en verre. Programmez la yaourtière pour 8 heures.

4 Laissez refroidir 1 heure. Couvrez les yaourts, puis placez-les au réfrigérateur pendant au moins 6 heures.

aourt au nougat

Lassi

Une délicieuse boisson
comme en Inde.

10 min
Pour 6 personnes

4 pots de yaourt nature

6 c. s. de sucre

20 cl d'eau

Quelques glaçons

1 fruit au choix (citron, framboise, banane)

Ou 2 c. s. d'eau de rose

Ou 10 feuilles de menthe

1 Pour cette boisson indienne, utilisez de la menthe bien fraîche à rincer soigneusement avant de prélever les feuilles.

2 Dans le bol du mixeur, versez les yaourts, le sucre, la menthe (ou autre parfum), l'eau et les glaçons.

3 Mixez le tout et servez sans attendre.

Vous pouvez remplacer l'eau de rose par de l'eau de fleur d'oranger pour varier les saveurs.

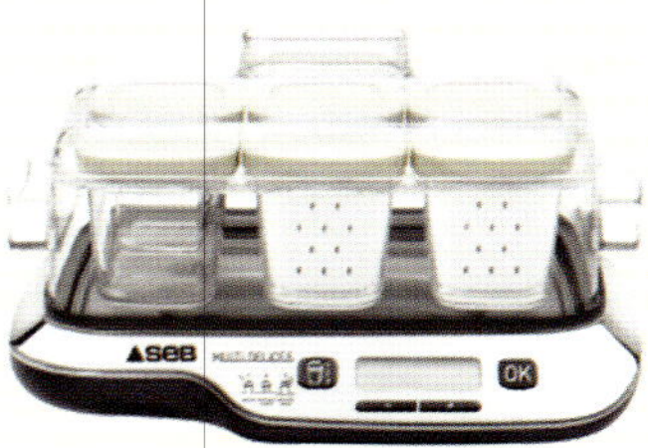

Yaourt au sésame

Riche et généreux.

10 min
10 h
6 h
7 jours
Pour 8 pots

1 litre de lait entier

1 yaourt nature

4 c. s. de lait en poudre

60 g de tahina (pâte de sésame)

8 c. s. de sucre en poudre

1 c. s. de graines de sésame grillées

1 Dans un saladier, fouettez le yaourt avec le lait en poudre, le sucre et la tahina. Incorporez peu à peu le lait.

2 Répartissez la préparation dans les pots en verre.

3 Programmez la yaourtière pour 8 heures.

4 Laissez refroidir 1 heure. Couvrez, puis placez au réfrigérateur pendant au moins 6 heures.

5 Au moment de servir, saupoudrez les yaourts de graines de sésame.

assi

Tzatziki

Un grand classique qui allie la douceur du yaourt à la fraîcheur du concombre.

20 min
Pour 4 personnes

1 petit concombre
1 yaourt nature
3 c. s. d'huile d'olive
1 c. s. de vinaigre balsamique
1 c. c. d'aneth haché
Quelques feuilles de menthe pour décorer
Sel

1 Pelez et coupez le concombre en tout petits dés dans un saladier.

2 Ajoutez le yaourt, l'huile d'olive, l'ail pressé, le vinaigre et l'aneth.

3 Relevez avec le sel et le poivre.

4 Parsemez de feuilles de menthe et servez frais, accompagné de pain pita ou aux noix.

Variante : préparez du tzatziki aux crevettes en remplaçant le concombre par 150 grammes de crevettes hachées, l'aneth par de la ciboulette hachée. Décorez avec des crevettes entières.

Brochettes d'agneau sauce yaourt

Vos convives se régaleront.

10 min
10 min
2 h
Pour 4 personnes

300 g d'agneau
1 gousse d'ail
5 c. s. d'huile d'olive
Sel, poivre, thym

Pour la sauce :

2 pots de yaourt nature
1 c. c. de mélange 4 épices
Quelques feuilles de menthe

1 Coupez la viande en cubes d'environ 2 centimètres de côté. Versez l'huile d'olive dans un saladier. Ajoutez l'ail et le thym. Salez, poivrez et remuez bien. Ajoutez les morceaux d'agneau et laissez mariner 2 heures au frais.

2 Préparez la sauce : versez les pots de yaourt dans un petit saladier. Ajoutez les épices et la menthe finement ciselée. Salez, poivrez, puis mélangez le tout.

3 Égouttez les cubes d'agneau, puis piquez-les sur des brochettes en bois.

4 Faites-les cuire quelques minutes au barbecue (ou à la poêle) en les retournant régulièrement.

5 Répartissez la sauce blanche dans les verrines, puis disposez 1 brochette dans chaque verre.

6 Servez sans attendre.

zatziki

Dans la collection *ID Cuisine*

Marshmallows, Petites fraises & Compagnie

Petits-Beurre, Spéculoos & Biscuits Cultes

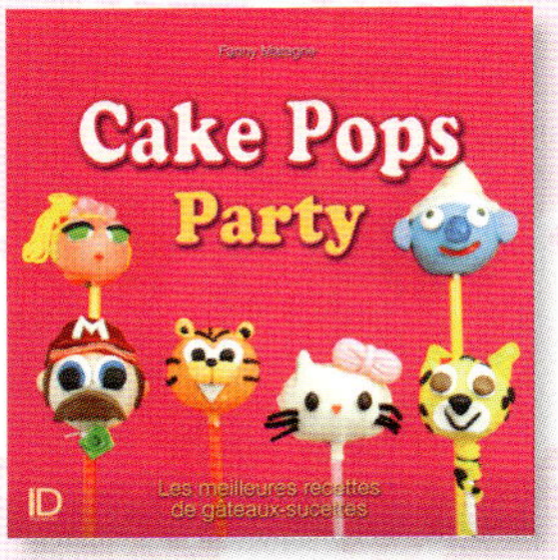

Cake Pops party

Petits délices aux bonbecs

Bonbecs Party

Mes petits plats au Siphon

Mes espumas et petites crèmes

Apéritifs Parfaits

Tout chocolat

Grillades & Plancha

Mes petites verrines

Le barbecue des potes

www.city-editions.com